U0886904
科技城十日游

爱迪生公园小憩

AIDISHENGGONGYUANXIAOQI

刘国洪 编著

航空工业出版社

北京

内 容 提 要

本书将带你走进爱迪生公园，感受伟大发明家爱迪生的事迹，讲述一路上的见闻、趣事。爱迪生的留声机、电报机、电灯、有声电影等上千项发明，造福了人类，他虽然遭受了很多挫折和失败，但是他没有因此而放弃，反而更加坚定地投入到科学实验中。爱迪生经过6000多次的失败，最终为人类文明做出了贡献，也让我懂得了失败是成功之母，不要因为失败而沮丧。本书以精彩见长，是广大少年儿童提高自身素养、培养科学兴趣的必读宝典。

本书配以精美的插图，故事情节生动，语言轻松幽默，是一本优秀的少儿科普读物，适合广大青少年阅读以及图书馆收藏。

图书在版编目（CIP）数据

爱迪生公园小憩/刘国洪编著.—北京：航空工业出版社，2017.11（2022.3 重印）
ISBN 978-7-5165-1379-8

Ⅰ.①爱… Ⅱ.①刘… Ⅲ.①爱迪生(Edison, Thomas Alva 1847-1931)—生平事迹—青少年读物 Ⅳ.①K837.126.1-49

中国版本图书馆CIP数据核字(2017)第289016号

爱迪生公园小憩
Aidisheng Gongyuan Xiaoqi

航空工业出版社出版发行
（北京市朝阳区京顺路5号曙光大厦C座四层　100028）
发行部电话：010-85672663　010-85672683

永清县晔盛亚胶印有限公司印刷　　全国各地新华书店经营
2018年3月第1版　　2022年3月第2次印刷
开本：710×1000　1/16　　印张：8　　字数：60千字
印数：5001—11000　　定价：24.00元

前　言

科学,两个很简单的汉字,一个很简单的英文单词"science",却蕴藏着丰富的知识,引得无数人竞折腰。牛顿、诺贝尔、安培,还有好多熟悉的科学家,他们不仅在科学领域取得累累硕果,还有着无数耐人寻味、激励后人的故事。同学们想不想知道呢?

《科技城十日游》带人们走进科学的世界,通过主人公思友和小胡子叔叔在科技城的见闻,向大家详细介绍牛顿、孟德尔、爱因斯坦等十位为世界做出杰出贡献的科学家的生平及成就。全书将文学与科普完美结合,用朴实的文字和生动的情节书写发生在科学殿堂里的故事,让大家在欣赏精彩故事的同时,不知不觉地接受科学的熏陶,感受大师的人格魅力。

全书以精彩见长,想象奇特,并于简单、幽默的对话中蕴藏科学的真理,是广大青少年学生提高自身素养、培养科学兴趣的必读宝典。

编　者

目 录

爱迪生公园小憩

这些日子，我在科技城里转了不少地方，如阿基米德公馆、孟德尔花园、安培走廊等，不但开阔了视野，而且还长了不少见识，学到了很多课本上学不到的东西，真是受益颇深啊！今天我和小胡子约好一起去公园玩儿，具体是什么公园，我还不太清楚，因为小胡子说这是秘密。

刚到科技城门口，就看到了小胡子，他正把脖子伸得老长，东张西望地等我呢。我从一旁悄悄地绕到了他的后面，给他来了个突然袭击。小胡子被我的突袭吓了一跳，回过头对我说："臭小子，你来晚了不说，还敢吓唬我，是不是找打啊？"他伸出拳头做出要痛扁我的架势。

好汉不吃眼前亏，我急忙说道："小胡子叔叔，君子动口不动手，您大人有大量，原谅我这

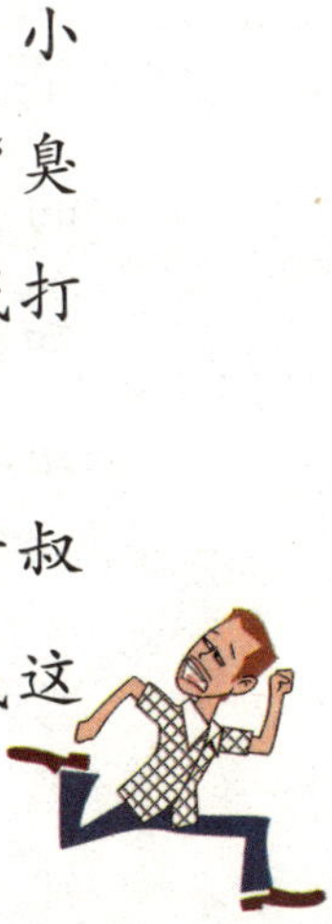

一回吧，小的再也不敢了！”

“嗯，态度还算诚恳，我考虑考虑。哦，对了，思友，你看看表，说好是 6 点钟不见不散的，可现在都 5 点 61 了，你可是迟到了啊！要知道，浪费别人的时间就等于谋财害命啊！”小胡子假意生气地埋怨道。

“哦，不好意思啊，小胡子叔叔，刚才在路

上……5 点 61？5 点 61 不就是 6 点过 1 分嘛！”我瞪着眼睛说。

小胡子哈哈大笑着说：“臭小子，反应还挺快嘛！”

“那是啊，我可是我们班里最聪明的人了！”

“得了吧，别吹了，我考虑好了，鉴于你刚才的态度还算诚恳，我就原谅你了，请我吃早餐

吧，以此来鉴定你的诚心。”他的两撇小胡子又得意地翘了起来。

“没问题，用丹丹阿姨的话说：我是相当地愿意和您共进早餐。”反正这一劫我是逃不过去了，还不如痛快地答应，免得遭受皮肉之苦。

小胡子平息了脸上的假意愤怒，对我说：“算你小子聪明。走吧，前边就有个快餐店，附近还有个公园。我们到快餐店买点儿好吃的，然后到公园里吃。”

“公园？就是你说今天要带我玩儿的那个地方吗？”

“不是去玩儿，是去学知识，你以为我带着你在科技城里转，是带你玩儿呢？非也，我是叫你长见识、学知识呢！”

“小胡子叔叔，我又错了，呵呵，我知道你是为了我好，想叫我多学些知识，绝对不是为了玩儿，嘿嘿。”我心想：是叫我学知识，可什么时候你能教我点儿知识呢？

“臭小子，知道就好！那就别耽误时间了，

我们快走吧！”

“你还没说公园叫什么名字呢？”

“别废话了，到了你就知道了。”不容我再问，小胡子拉起我便向科技城里走去。

说话间我们俩来到了科技城的一个公园门口，旁边有一个快餐店，小胡子毫不客气地要了一份美味套餐，我也来了一份。这时，我才抬头看了看公园的名字，门口的牌子上写着：爱迪生公园。我情不自禁地说：“这里的景点名称怎么

都这么怪呀！一会儿是安培，一会儿是牛顿，现在又来了个爱迪生。”

“当然了，要不怎么叫科技城，不叫恐龙世界呢？”小胡子调侃道。我心想这家伙耍贫嘴的本事倒是越来越厉害了，赶忙拿着早点往公园里走去，不想让他的贫话堵塞我的耳朵。

一个巨型雕塑突然出现在我的眼前，“这是谁呀？”我惊讶地说。

“连他你都不认识，我看你是白活了这十几年。这不就是发明大王爱迪生嘛。再说了，爱迪生公园里的雕塑当然是爱迪生了，难不成把你的雕像放在这儿啊？”

“我当然知道爱迪生了，只是没见过照片嘛。”我为自己找了个冠冕堂皇的理由。

“小胡子叔叔，既然你知道这是爱迪生，那你倒说说他都发明过哪些东西。”我带有挑衅地追问道，非要让他出出丑不可。

只见他支支吾吾地回答道："电灯，还有……其实我就知道一个电灯。"这回还真让我得逞了。

我的表情更加得意，好像打了一场胜仗。"小胡子叔叔，咱们慢慢地聊，我可是半个研究爱迪生的专家啊，免费给你上一课。"我得意地说道。其实我只是看过一些关于爱迪生小时候的奇闻逸事的书而已，说是专家只不过是吹嘘一下自己罢了。

谁是弱智儿

我们走到公园的一个长椅旁坐了下来，我喝了一口饮料，慢条斯理地说："小胡子叔叔，你可要好好地补一课了。连爱迪生这么伟大的发明家都不了解，还当科技城的导游，可是要被人笑话的。"

"臭小子，再挖苦我，小心我要动手了，别废话，痛快说。"面对强者，我只能是服从、服从、再服从。都怪自己命不好，碰到了这么个糊涂导游，现在也不知道谁是导游了。

我无奈地说："爱迪生出生在 1847 年 2 月，他的父亲是个会木工手艺的农民，母亲当过乡村教师。"

"爱迪生生长在一个普通的家庭，竟然成为了发明家，他肯定属于神童那类的。"小胡子肯定地说。

"什么？神童？你要是他的老师就好了，他的老师可没这么认为。相反，爱迪生的老师认为

他是个弱智儿。爱迪生8岁上学，仅仅在学校读了3个月的书，就被老师认为是个弱智儿轰出了校门。”

我的答案让小胡子大吃一惊，他迷惑地看着我，实在不能理解一个弱智儿是如何变成后来的发明家的。

“小胡子叔叔，发什么呆呀？爱迪生不是真的傻，他是大智若愚，思考问题的方式与一般人不同而已。”我的话让小胡子的心情舒缓了一些。

“对了，小胡子叔叔，我看你呆头呆脑的也

有这个潜力，哈哈……”我抓住机会讽刺了一下他。

“行了，别拿我开玩笑了，我要是有那个潜力，还来这儿做导游啊？爱迪生不上学，怎么学知识呀？”小胡子更关心被老师赶出来以后的爱迪生。

我收敛了笑容说：“爱迪生的妈妈不是当过乡村教师嘛，所以爱迪生离开学校以后，他母亲就成了他的家庭教师。妈妈总是能够耐心地回答爱迪生提出的各种稀奇古怪的问题。由于妈妈的耐心教育，爱迪生对读书产生了浓厚的兴趣。他8岁的时候就读了莎士比亚、狄更斯的著作和许多重要的历史书籍。到9岁时，他就能迅速读懂难度较大的书了，如帕克的《自然与实验哲学》。”

“爱迪生哪里是弱智呀，分明就是神童，跟爱迪生比，我8岁的时候那才叫弱智呢！”小胡子颇有感慨地说。

“爱迪生不但好学，还特别能吃苦。10岁时

爱迪生喜欢上了化学，为了生活和赚钱购买化学药品和设备，他12岁的时候就开始工作了。他在列车上卖报，还一边兼做水果、蔬菜生意，用自己赚来的钱买化学用品，是个名副其实的好学习的好孩子，他……”

“他不但是个好孩子还是个见义勇为的英雄呢！”一位老伯伯不知什么时候来到了我们俩的身边，打断了我的话。

“哎呀，我说老头，我在这儿给这位同学讲授知识呢，您就别在这儿掺和了。”小胡子说这话时怎么就脸不红心不跳呢？我就不明白了，怎么是他在给我讲知识了？我晕！

“得了吧，还吹呢，我可是在旁边听了半天了，一直是这位小同学在给你讲，你怎么说谎也不害臊啊？”

“老人家，这就是您说得不对了，我之所以叫他讲给我听，是在有意识地培养他的解说能力。您真是老糊涂了，我也跟您说不明白了。”在小胡子说这话的时候，我用眼睛一直瞪着他，如果眼光可以杀死人的话，嘿嘿，估计我这位可爱的导游同志已经死了千百次了。

影响一生的见义勇为

“对了，老伯伯，您刚才说爱迪生是个见义勇为的英雄，这是怎么回事啊？”我转移了话题，不想再听小胡子在那里胡搅蛮缠地乱讲了。

"什么？英雄？"小胡子一下子也来了精神。

看到我们两个求知若渴的样子，老伯伯也不再计较小胡子刚才的无理狡辩了，对我们说："对，一个偶然的机会使爱迪生不仅成为了小英雄，而且还使他有机会接触到电学知识，这对他以后的发明有很大的影响。"

"到底是什么奇遇呀，您快说来听听。"我迫不及待地问。

"1862 年 8 月的一天，爱迪生发现一个小孩

儿在铁路上玩耍，一列疾驰的火车突然向小孩儿开来，小孩儿给吓傻了，不能动弹了。这时爱迪生勇敢地冲了过去，把小孩儿救了出来。”

“这对爱迪生的发明事业有什么影响呀？根本就没什么直接的联系呀！”小胡子不屑地说。一个人可以长得不漂亮，但得有修养；没有修养也不要紧，但别让人烦，要是谁看了都烦的话，

这个人我看也是活到时候了。为什么怎么看小胡子都有些烦呢？难不成他是活到时候了？

老伯伯没理会小胡子，继续说："关键在于那个小孩儿的爸爸，他是一个懂得电报技术的专业人才。他对爱迪生非常感谢，但是又没有钱可以酬报，于是愿意教爱迪生电报技术作为回报。"

"原来如此，看来真是好人有好报呀！"

"对呀，好人有好报。我对你这么好，你一定要好好报答我呀！午饭还请我。"见过脸皮厚的，但还从来没见过像小胡子脸皮这么厚的。

"老伯伯，快给我讲讲爱迪生都发明了哪些东西吧？"我对爱迪生的发明更感兴趣。

"别着急，马上就讲到了。1868 年，爱迪生以报务员的身份来到了波士顿。也就在这一年，他获得了第一项发明专利权，是一台自动记录投票数的装置。爱迪生认为这台装置会加快国会的工作，受到欢迎。然而，一位国会议员告诉他说，他们无意加快议程，有的时候慢慢地投票是出于政治上的需要。"

我真没想到爱迪生的第一个专利就吃了闭门羹，于是问道："这件事不会挫伤爱迪生的发明信心吧？"

"这件事儿对爱迪生的打击挺大的。不过爱迪生弄懂了一个道理，就是没有实际用途的发明是不受欢迎的。从此以后，爱迪生决定，再也不搞人们不需要的任何发明。"

"对，不实用的东西再好也只是个摆设。"我很赞同这个观点。小胡子也点了点头，看来这回

我们两个总算找到共识了。

“爱迪生的第二个发明就非常实用，而且还为他赢得了今后发展的资本。1869 年他发明了爱迪生普用印刷机，你们猜他卖了多少钱？”

我想了想说：“2000 美元？”

“没见过世面，怎么也得 1 万美元啊！逮到机会还不得好好宰宰这些资本家啊！”小胡子颇感不平地说，这架势就像是曾经遭受过资本家压迫和剥削似的。

“爱迪生不敢要价，生怕要多了人家笑话，于是他让那个经理给个价钱，而那个经理一开口就给了 4 万美元的价钱。”

“什么？4 万美元，折合人民币 30 多万呢！就是拿到现在也不是个小数目呀，这回爱迪生可发财了。”我兴奋地说。

“有了钱就可以搞更多的发明，爱迪生从此对发明更加痴迷，也更加精益求精。比如在发明电灯的时候，为了寻找合适的灯丝，他试验了 6000 多种材料；为试制一种新的蓄电池，他失败

了 9000 多次。他一生坚持刻苦钻研，共获得了 1093 个专利。到 81 岁的时候，爱迪生还成功地从野草中提炼出橡胶呢！”

鸟粪风波

“真是佩服爱迪生百折不挠的精神，要是我，别说失败 9000 多次，就是 900 多次也得变成 100% 的疯子。看来，天才也需要勤奋呀！”我感叹道。

“可不，天才都是勤奋的结果，像我这样好吃懒做只能当个导游了。我要是能拿出 30% 的精力来，也能当个和爱迪生差不了多少的发明家。”

“小胡子叔叔，你就不怕把肚皮吹爆了，小心刚才吃的东西都炸出来。”

小胡子站起身来，伸了个懒腰说道：“谁吹牛了，我这是聪明没用到正道上，否则……哎，什么东西掉在我脑袋上了？”小胡子顺手往头上一摸，原来是一摊热乎乎的鸟屎。

我看到这一幕实在感觉好笑，说：“小胡子

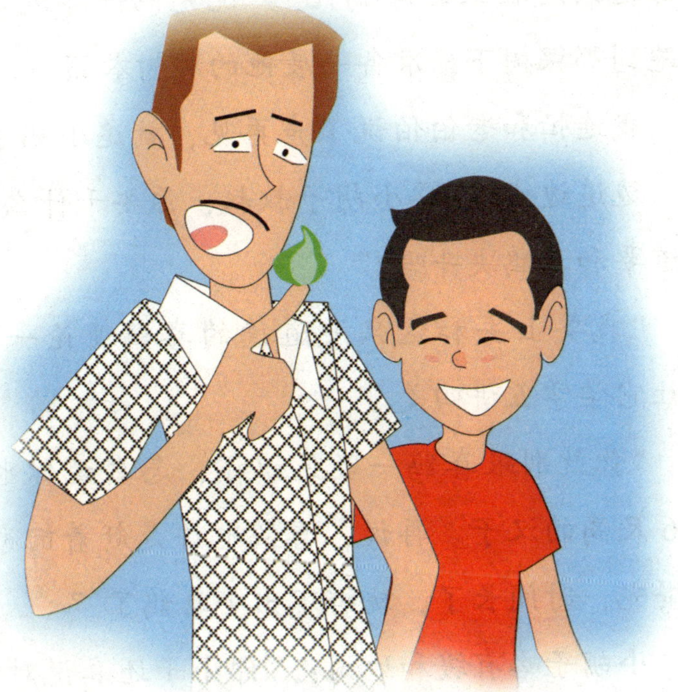

叔叔真是走了鸟屎运了，今天肯定能捡到钱，要不就去买彩票，肯定能中500万。哈哈……”

小胡子抬起头，看见一只喜鹊从头顶飞了过去，落在了不远处的一棵树上，钻进了鸟窝。他大喊道：“你这个不讲文明的鸟儿，知不知道随处大小便是要被罚款的？还有，来这里参观的还有好多外国游客，这要是拉到外国游客的头上，中国鸟儿的脸还不都让你丢光了呀！看我怎么收

拾你这只没长眼的瞎鸟儿。”说完他一阵风儿似的跑到那棵树下，准备一展他的爬树本领。

我连忙和老伯伯说了声再见，就追小胡子去了，边追边喊道：“小胡子叔叔，你要干什么呀？难道要和喜鹊决斗吗？”

“我要上去和这只没道德的喜鹊理论一番，也让它学学五讲四美。”

“你就别跟喜鹊一般见识了，怎么说你也是个6尺高的汉子。再说，喜鹊也许是赶着回家去孵蛋呢，时间长了，就孵不出小喜鹊了。”

小胡子略有缓和地说：“你小子还真说对了，这个季节正是鸟类产蛋孵化的季节。要不我爬上去掏两个鸟蛋，你拿回家也学学爱迪生，自己孵一孵，看看能孵出小喜鹊吗？”

“啊，什么？人也能孵蛋呀？”我真是大跌眼镜。

“怎么不能，人家爱迪生还孵过鸡蛋呢！”小胡子得意洋洋地说道。

“小胡子叔叔，这还真是头回听说的新鲜事

儿，你得跟我好好说说。”

“有一次到了吃饭的时候，爱迪生还没有回来，妈妈和爸爸很焦急，四下去找他，找了半天也没找到，直到傍晚的时候才在草棚里发现了他。你猜他在干什么？”

“不知道，你快说吧，别卖关子了。”我急于想知道答案。

“爱迪生的肚子下面放了好多鸡蛋，他一动

不动地趴在上面正孵蛋呢！原来，他看到老母鸡把一窝鸡蛋抱在怀里就会孵出小鸡来，也想自己试一试。”说完，小胡子自己先忍不住哈哈大笑起来。

“爱迪生可真够有意思的。我回家以后也可以试试，没准还能当上鸡妈妈呢！”

“你不用试了，除非你一天24小时趴在鸡蛋上，否则你别想孵出小鸡来。再说了，现在早就发明了孵化器，就是利用恒温这个简单原理。你再做这样的事情也没有什么意义了。”

“小胡子叔叔，没看出来你懂得还蛮多的嘛！看来，你也不糊涂嘛！”

“那当然，你以为科技城的导游是吃素的？要上知天文，下知地理……”

“行了，行了，才夸了你两句就翘尾巴了。”这个家伙会抓住每一个机会吹捧自己。

“别以为我是吹牛，不信我再给你讲几个爱迪生小时候的趣事儿，让你长长见识。”小胡子想要证明自己的实力。

“那好，你就再说说看。”我将了他一军。

“那就让你听个刺激的。4 岁那年爱迪生对蜂窝产生了浓厚的兴趣，想弄清蜂窝的构造。一天他终于忍不住了，就用一根树枝去捅篱笆上的野蜂窝。”

“爱迪生胆子也太大了，他不怕被蜂蜇吗？”我对他的做法简直难以理解。

“谁知道？反正蜂窝被捅掉以后，他被蜇得青一块紫一块的，几乎连眼睛都睁不开了。奇怪

的是，爱迪生不但没哭，还把蜂窝捡起来，仔细研究了一番。”

我更是迷惑了：“爱迪生可真是个奇怪的孩子，一个蜂窝有什么好研究的啊？弄了一身的包，何苦呢？”

小胡子笑道：“哈哈……伟人往往都是怪才，爱迪生就属这种类型。他做的怪事还有更危险的呢！有一次差点儿要了一个工人的命。”

“什么，这是怎么回事儿？快讲给我听。”我的兴趣再次被调动了起来。

“有一次，爱迪生看到气球充进气体以后可以飞上天空，于是就入了迷。所以就想把人的肚子里充满气，让人也飞起来。于是，他把几种认为会产生气体的化学制品混合在一起，叫父亲的一个佣工吃。结果这个工人不但没有飞起来，还差点丧了命。”

“这次爱迪生做得有点过火了，要是我这样，爸爸肯定会暴揍我一顿的，同学们也不会再跟我玩了。”

"没错，结果就是这样。他被父亲痛打了一顿，小孩子们也都不敢和他一起玩了。有一些小孩儿还唱着歌来侮辱他，说他是个呆子。"

"这件事是不是对爱迪生的打击很大呢？他会不会因此而放弃科学研究呢？"

"当然不会，他不但没有放弃，反而更加热衷于各种研究，要不怎么能成为后来的发明大王呢？"小胡子站了起来，"咱们饭也吃了，故事也

讲了不少了，是不是该到处逛逛了。”

“等等，小胡子叔叔，我要方便一下，哪儿有厕所呀?”

“你真是懒驴上磨屎尿多呀！向前20米，再向右拐就看到了。”

火车上的实验室

我站起身一路小跑着向厕所的方向奔去，来到厕所门口才长长地松了一口气，暗暗庆幸自己终于坚持到了希望的终点，于是马不停蹄地一头扎进了厕所。在回来的路上我发现了一节火车车厢形状的物体停放在路旁，便好奇地推开车厢的门走了进去。

一进车厢，我感觉似乎进入了另一个世界。车厢里面有一个背影正在忙碌着，我走近一看，原来是一个少年模样的男孩。他手里拿着一些瓶瓶罐罐翻来覆去地，似乎在做着什么神秘的实验。我禁不住问：“嗨，你好！你是谁？在做什么呀？”少年回过头，朝我一笑：“我就是这个公园的主人爱迪生呀！我正在做实验呢！”

“什么，你是爱迪生？没搞错吧！难道你学

了长生不老术，能活到现在？”我实在不敢相信自己的耳朵。

“没错，我就是爱迪生，这是我建在火车上的实验室，请不要打扰我做实验。”自称爱迪生的人一边忙活着，一边和我说。

“即使你是爱迪生，你不在正规的实验室做实验，跑到货车车厢里做什么实验呀，不会是什么恐怖分子，想搞破坏吧。”我故意试探他。

“正规的实验室？我哪有那么好的条件啊，

我要一边在火车上卖报挣钱，一边做实验。”

“你怎么可能在火车上建立实验室，这些化学药品都是危险品，是不允许带到火车上来的。”

“这有什么奇怪的，我在火车上工作很长时间了，和这里的车长很熟，他特别照顾我，特许我在这节货厢里建立实验室。我也答应车长，一定不会给他闯祸的。”

“原来是这样呀！看来你的运气还是不错

的。”我刚说到这里，爱迪生手里的试管突然冒出了火苗，紧接着周围的物品开始燃烧起来，冒起了浓浓的黑烟。

这时一个列车员手里提着灭火器冲了进来，大喊道：“你这个小家伙，难道想把列车都烧了吗？”幸好火还没有烧起来就被扑灭了。列车员气得暴跳如雷，把爱迪生的实验设备全部扔到了车厢外，还狠狠地打了爱迪生一个耳光。

我看到眼前这惊险的一幕，不知如何是好。

想上前安慰爱迪生，可是喊了几声，他都没听见。于是伸手去触摸他的肩膀，可是就在手快要碰到爱迪生肩膀的瞬间，他突然在我眼前消失

了。这是怎么回事儿？我一时间呆在那里，被眼前的一切给弄糊涂了。

我仔细环视了一下这节诡异的车厢，心里突然凉飕飕的，有些毛骨悚然的感觉，于是急匆匆地推开车厢门跑了出来。刚一出来就碰到了小胡

子。“我正准备到厕所里捞你呢，原来你跑到这里来了。”

“小胡子叔叔，这节车厢好诡异呀！里面有个自称是爱迪生的人，后来又消失了。”我还没有从刚才的诡异事件中回过神来。

“哈哈，没吓着你吧！谁让你没问我这个导游，就自己跑进去了。这里没什么诡异的，这是我们科技城的一项最新的游览项目。它是利用声、光、电，以及三维显示和人机交互等多项技术实现的一个超真实场景。车厢的门口不是有说明嘛。”小胡子用手指了指。

“原来是这样呀，都怪我进去之前没看说明，下次一定要仔细看清楚。”我有些惭愧地低下了头。

“得了，‘上帝’，咱们赶紧参观吧，时间都被你的厕所旅行耽误了。”小胡子又来调侃我。

“好吧，咱们接下来去哪儿呀？”

“你就跟我走吧，有我这个星级导游在，你还担心我会把你弄丢了啊？”说完小胡子转身向

后走，我只好赶上去跟紧他。这个自以为是的家伙！

发明展览馆

不知不觉我们来到了一个展览馆前。我抬头望着展览馆的牌子，上面写着：“爱迪生发明展览馆”。

“思友，你看，这个展览馆是专门介绍爱迪生的各项发明的。走，我带你进去看看。”

“好呀！不过要不要门票呀？我今天的零花钱可都买了刚才的早点了。”

“小气鬼！不要门票，是免费参观的，里面还有专业的解说员呢，这回我可以省省口舌休息一会儿了。”

我和小胡子一前一后，走进了展览馆。一进门我就被陈列在玻璃窗里的一个稀奇古怪的东西吸引了：“小胡子叔叔，这是什么东西呀？”

“这当然是爱迪生的发明了，对了，上面的标签不是写着呢嘛。”小胡子故做专家的样子。

我低头看了看标签，上面写着：“发报机”。

这时，一位漂亮的阿姨走过来说："小朋友，有什么需要帮忙的吗？"

我一下子找到了救星："阿姨，这是爱迪生发明的发报机吗？"

"这个发报机不是爱迪生发明的，它要比爱迪生发明的早些。这是世界上第一台真正意义上的发报机，不过它是一个复制品。它是英国的退役军官威廉·福瑟吉尔·库克与伦敦高等学院的自然哲学教授惠斯登合作制成的5指针的电

报机。”

我回头看了看小胡子说：“你不是说这是爱迪生发明的吗？假专家！”

“这不是爱迪生发明展览馆吗？我以为这里

的东西都是他发明的呢！”小胡子自我解嘲地说。

“哎，思友，你已经是中学生了，那你知道电报机的基本原理吗？”小胡子打了一个反击。

“小胡子叔叔，你又给我出难题，是不是想故意让我在阿姨面前出丑呀？不过，这次你可打错算盘了，我还真知道一些电报机的基本原理。”这正好显示一下我的实力。

“那你说来听听。”

“电报机就是利用电磁波做载体，通过对文字和符号进行编码，把编码以电磁脉冲的方式发送出去，然后再把这些编码还原为文字和符号。”

小胡子听完，有些惊讶地张开嘴巴说：“行呀，臭小子，还懂这个呢！这几天没白跟我混，有进步！”这倒成了他的功劳了，小胡子真行，很厉害啊，是个能把死人给气活了的主儿，不服不行啊！

“哪里，这都是我们物理老师教的。不过我也是一知半解，似懂非懂的。不知道爱迪生究竟发明了什么样的电报机。”不能让小胡子这一句话把我老师的功劳给毁了。我看看小胡子，他现在的脸色很难看。我才不管呢，必须澄清事实，不能让坏人得逞啊！

“爱迪生对电报机的贡献并不在于发明了一种新的电报机，他的贡献在于电报传送的自动化。”解说员阿姨接过话说道。

“电报传送的自动化？这是什么？”

“电报传送自动化是提高电报通信系统效率的方法之一。在当时电报线路拍发信号的方法要求用打孔机把全部组合好的电码转到纸带上，然后借助手动的常速运转的发报机，把信号从预先打好孔的纸带上拍发出去。在线路的另一端，在收报机上把被拍来的信号记录到纸带上或在纸带上打上孔，最后再把这些电码译成文字，这个过程是在电路之外由人工进行的。”

“那这个过程算不算电报传送自动化呢?”我的求知欲越发地增强了。

“刚才所说的这个过程只是在拍发的过程中

实现了自动化，而把电码变成能看懂的文字并没有实现自动化，爱迪生的贡献就在于把整个过程都实现了自动化。”

“那可不是一件容易的事情啊，爱迪生应该付出了很多心血吧！”

“是呀！爱迪生的确付出了很大的努力，不过幸运的是已经有许多人研究过这个问题了，这样爱迪生就可以受到很多启发了。”

“爱迪生是在哪位科学家的研究基础上，开始电报自动系统发明的？”

“是英国科学家利特尔的自动电报机系统。这一系统的主要特征是利用机器把电文转到总纸带上，而在纸带上不是用的‘·’和‘——’，而是用按一定的程式列好的孔洞，这一工序完全可以减轻线路的工作负荷。然后纸带以大大超过手工拍发电报的速度经过发报机传入线路，在接收端的接收机里就获得了同样长的纸带，在该带上有按照莫尔斯电码用化学方法记录下来的电文。”解说员阿姨说得头头是道。

“好深奥呀！这个系统成功了吗?”我听得迷迷糊糊，似懂非懂。

“这一系统虽然有了很大的进步，但是性能还差强人意，因为在长途线路中，如在200~300里远的线路中这个系统就不适用了。所以需要加以改进，于是就找到了当时只有24岁的爱迪生，因为当时人们就已经认为爱迪生是电报方面的专家了。”

“24岁就成为专家了？太了不起了，小胡子叔叔你今年多大了?”我终于抓住机会调侃小胡子了。

“我，我……今年才20出头嘛，我不也是专家吗？当然了，我是导游专家。你可不要小看我这个专家，俗话说得好，三百六十行，行行出状元。我们导游里也有很多像我这样的人才嘛。”

小胡子虽然心虚，但还是给自己找了个台阶下。

“那爱迪生的改进顺利吗？他那么聪明肯定很快就成功了吧？”我懒得和小胡子斗嘴，急于想知道爱迪生的改进工作。

“小朋友，你记住，成功等于百分之一的天分加上百分之九十九的勤奋。爱迪生虽然聪明，但他比一般人更加勤奋。爱迪生对电报机的改进并非一帆风顺，碰到了许多没有想到的问题，其中一个问题就是接收工作受到了静电干扰。为了消除这一缺点，爱迪生反复地接收了多次，并发现在收报机电路中利用带有软铁芯的自感线圈，就会显著地改进该系统的远距离工作效率。此外，爱迪生还改进了接收器的针，这样电码里就不会有中断或污点了。”

“我们在物理课上也学过自感现象，可是只是知道一些公式，还真不知道它有这么多作用。看来不能死记硬背，而要活学活用呀！否则永远是个书呆子。”我感叹道。

“对呀！对知识就要活学活用、举一反三，

否则就只能停留在口头上，而不能体现在实际应用上了。”小胡子趁机插话。其实，我觉得这话对他正合适。

“爱迪生对电报机的改进并没有停止，他在收报机上采用了高质量的纸带，并对打孔机进行了改进。1872 年 8 月 16 日，爱迪生递交了对利特尔自动电报系统进行各种改进和变动的专利特许证申请书。最新型号的电报机器能够用一种宛

如打字机的装置进行打孔。在接收端，接收到的电文不是以孔洞显示出来，而是以打印形式显示出来，这样就实现真正的自动化了。”解说员阿姨继续说道。

“爱迪生真是为人类做了一件大好事呀！不过现在已经很少有人用电报机了，现在网络这么发达，手机也这么方便，我们的生活比那个时代要先进多了。”小胡子自言自语地说。

会聊天的话筒

这时我抬头看见解说员阿姨正在擦拭额头的汗水。“阿姨，刚才您讲了这么多，一定累了吧。真是谢谢您！我和小胡子叔叔自己参观吧，不懂的地方再来问您。”

“不用谢，这是我的工作。你们有问题可以随时来问我。”阿姨和蔼地说。

“我是这里的导游，一般的问题我都知道，就不打扰您了。”小胡子很自信地说。

“那刚才你怎么不讲啊?”我必须揭穿他。

“我是说一般的问题我都知道，刚才那不是个例外嘛，那是个特殊问题。”小胡子辩解道。

小胡子看到解说员阿姨走到一旁休息，他像一匹脱缰的野马似的，东窜西窜，真不知道他到底是不是科技城的导游，比我还好奇呢。我绕着

展台仔细地观看，突然看见小胡子朝我招手，示意我到他那边去。这家伙一定是发现什么好玩的东西了，我急忙跑了过去。

小胡子指着身前的一个老式电话说：“这家伙可好玩了，隔壁的屋里还有一台，只要我这边一摇那边就通，也不用拨号，你到那边咱们两个感受一下这个古老的电话如何?”

这家伙真是个老顽童，我只好到隔壁去。人还没到铃声就响了起来，我赶紧拿起话筒：“喂喂……”我连续喂了几声，对面只传来刺刺啦啦的微弱声音。

小胡子急得大喊：“思友，听到我的声音了吗?”

我说：“听到了，你喊的声音那么大能听不到嘛，只不过不是从听筒里传来的，是从空气里传来的。”

小胡子不死心，还在那里大喊，我说：“行了，你注意影响，这里是展览馆，别引起围观啊！万一有媒体在，别再给我们曝了光。虽然我很想出名，但不想和你这么弱智的人一起出名。”

突然话筒里传来了清晰的声音：“我是一个古老的、实用的送话器，你喊破嗓子也没有用。是爱迪生改进了我，人们才清楚地听到电话对面传来的声音。”

这突然袭来的声音吓了我一跳，手一哆嗦差

点把话筒掉在地上。心想：哎呀！话筒也会说话，这可真是个奇妙的展览馆。小胡子倒是比我镇定多了，他说：“这肯定是计算机预先设定的程序，没什么奇怪的。”

“对了，小胡子叔叔，刚才这个话筒说是爱迪生改进了它。这附近一定有爱迪生改进后的送话器，我们找找。”

我的推测是正确的，就在老式电话的附近有另一个话筒，我拿起来对着话筒喊道：“喂喂……”里面也传来“喂喂……”的声音。我的妈呀，这个话筒更怪，它能和我直接对话。

话筒又说话了：“我一点也不怪，我是爱迪生发明的炭精送话器，有了我，你们在打电话的时候就不用大喊大叫了。”

这个话筒还真是个宝贝，哈哈，我可要好好地研究一下。

站在一旁的小胡子耐不住性子了：“思友，你在和谁说话，难道你精神失常了？”

“我在和话筒说话呢，不信你听听。”小胡子

接过听话筒，刚刚放到耳朵旁边就不由自主地“啊！”了一声，看他的表情就知道，肯定是又受刺激了。

我把话筒抢过来：“还是让我跟它说吧，我还有好多问题要问呢。”

“喂，你刚才说是爱迪生发明了炭精送话器，那是怎么回事儿呀？”我对这个问题非常感兴趣。

“爱迪生在初次制造会讲话的电话机时，利

用了赖斯的送话器和他自己以前所使用过的一种谐振接收机。起初他在赖斯送话器中的薄膜上的针尖和铂片之间放上几滴水，看能否起作用。结果不但没有成功，反而更坏了，造成严重的失真。”

听了话筒的介绍，我忍不住想笑，对话筒说：“爱迪生可真有意思，他想用水滴改变通话质量，太有创意了。”

话筒似乎有些不高兴：“小朋友，不要嘲笑别人。失败是成功之母，不尝试过怎么知道不

行呢。”

真看不出来，这个没生命的家伙也会和小胡子一样生气，我连忙解释说：“我没有嘲笑的意思，我只是觉得太不可思议了。”

“是不可思议，这就是爱迪生。他用液体来改变声音的传输效果失败以后，开始注意研究固体物质。因为爱迪生在 1873 年已经制成了一种变阻器，它是利用听筒里装的一些在受到压缩时要改变其阻抗的粉状炭、石墨和其他一些材料的属性制成的。所以爱迪生试图用非金属的导体来改变声音的传输效果。”

话筒还没有说完，我就抢着说道：“这个我知道，应该属于半导体之类的物体吧。”

“你很有潜力呀，小朋友！非金属导体的电阻在膜片振动影响下所发生的变化还不够大。爱迪生又进行了重要的改进：他把这一电阻接入到感应线圈的原绕组中去。这时，副绕组就显示往线路中传送的电流强度振动特别明显。由此，送话器的灵敏度和接收的音量都提高了，接收距离

也增大了。”

“那爱迪生是如何制造炭精这种材料的呢？”

“哈哈……这个你肯定会大吃一惊的。爱迪生把煤油燃烧时得到的灯烟进行压制，制成送话器中的炭质电阻，这就是炭精。”

“天才呀！煤油灰都有用，可惜现在不点煤油灯了，否则我也回家提炼去。”我无限感慨地说。

小胡子忍不住了：“思友，你和送话筒聊够了没有，咱们也该挪挪窝了。”

能录音的墙壁

我放下话筒说："小胡子叔叔，你想到哪里去？我陪你。你不当导游，我当导游还不行吗？"

小胡子笑嘻嘻地说："想抢我饭碗是不是？不过，以你现在的知识水平当导游还不行。做导游可不简单啊，得博学多才啊！要上知天文，下知……"

"得了，小胡子叔叔，我求你了，别说了，咱走还不成嘛。前边带路，出发！"不能让他继续吹牛了，这是对我最大的精神摧残啊！

我跟在小胡子的身后，从展览馆走了出来。小胡子七拐八拐地把我带进了一个三面都是墙壁的死胡同，真是气死人了。"小胡子叔叔，你不是对科技城了如指掌吗？怎么把我往死胡同里带呀，难道想打劫吗？"

我的话音刚落，就听到一个声音传来：“小胡子叔叔，你不是对科技城……”和我刚才说的话一模一样，声音也是我的声音，难道这里闹鬼了吗？

“思友，知道这是怎么回事儿吗？”小胡子故弄玄虚。

“怎么回事儿呀？我说的话怎么像是被录下来了似的？”我奇怪地问。

小胡子用手指了指墙壁说：“都是它干得好事儿。”

“什么？墙壁也能录音？太奇妙了！”我兴奋不已。

“这也没什么奇怪的，它和我们平时录音的磁带没什么本质的区别，也是由一些特殊的磁性材料制作的。”小胡子双手插在口袋里说。

“原来是这样呀！怪不得我的声音被录下来了呢！这不会是爱迪生的发明吧?”我深信自己的判断。

“录音墙虽然不是爱迪生的发明，但是这个

原理和爱迪生发明的留声机是一个道理，也是在他的技术基础上改进的。”

“什么？这还真跟爱迪生有关系呀！”

“你以为发明大王的美称是白给的，不服高人是有罪的。”

“服！服！我简直是太佩服了，那爱迪生是怎么发明留声机的？”

“这个我还真是知道一些，他用的是逆向思维法。”

“什么？逆向思维是什么意思呀？”这个小胡子今天倒把我弄得糊涂起来了。

“我们一般人看问题都是正向地去看，而聪明的人呢，还会反过来看问题，这就是逆向思维。”

“爱迪生是怎样通过逆向思维发明留声机的呢？”

“这个嘛，还要从前面提到的送话器说起，就是通过对送话器的原理的逆向思维才发明了留声机。”

“这个有些深奥，你还是具体地说说吧，我的 IQ 不太高。”我更糊涂了。

小胡子笑嘻嘻地说：“看你呆头呆脑的，早就知道你智商不高，跟我比至少要差 50 个分值。”

“行了，你是说耍贫嘴指数吗？那个我倒是比你低。快言归正传吧！”

“有一次，爱迪生在调试送话器时，因为听力不好，就用一根短针来检验传话膜的振动，不料出现了一个新奇的现象。”小胡子终于步入正

轨了。

“什么奇怪的现象？”我非常好奇。

“爱迪生手里的针接触到传话膜后，随着声音的强弱变化，就发生一种有规律的颤动。就是这种奇异的现象触动了爱迪生的发明灵感。他想，如果反过来使针颤动，不就可以复原出声音来吗？这样也就可以把人的声音储存起来了。”

我恍然大悟：“爱迪生真是个天才，他的思维就是和别人不一样。那爱迪生的想法实现了吗？”我迫切地想知道结果。

小胡子说：“不但实现了，而且非常迅速。爱迪生经过4天4夜的苦战，终于设计出了留声机的图纸。他把自己设计好的图纸交给机械师，很快按照图纸造出了一台结构简单的留声机。”

我有些怀疑地问：“这么简单的东西能录下声音吗？”

“你怎么和当时那些无知的人问了一个同样的问题。”小胡子说，“当爱迪生把他发明的留声机拿出来，说它会记录说话的时候，有人说爱迪生是在开国际玩笑。没有人相信这个简陋的家伙会记录说话。”

“这个很正常，当时的人们哪里见过这东西呀！”我为自己开脱道。

“爱迪生当场进行了演示，他一边用手摇动铁柄，一边唱了一首动听的儿歌：玛丽有只小白羊，它的绒毛白如霜……然后，爱迪生停下来，让一个人把耳朵对着受话器，他把针头放回原来

的位置，重新摇动手柄，美妙的歌声又出现了。大家简直不敢相信自己的耳朵，个个目瞪口呆。”小胡子讲得非常陶醉。

“爱迪生太神了，要是没有他的发明我就没法欣赏美妙的音乐录音了，那该是一件多么痛苦的事情呀！”

“爱迪生当然神了，要我说他就像半个神仙。就是这位神仙发明的留声机制造了电声学史上的一个伟大创举，被称赞为19世纪的奇迹呢！”小胡子停顿了一会儿问道：“思友，你猜当时爱迪生多大年纪？”

我想了想说：“不知道，把研究搞到这种程度，怎么也得是个老专家了吧。”

“老专家？你以为专家都是老的，年轻的就不能是专家了吗？当时爱迪生才刚刚30岁，你说是老专家吗？”

“不老，不老，年轻得很呀！比小胡子叔叔大不了几岁，虽然年龄差距不大，能力差距可不小啊！小胡子叔叔你可要努力了，什么时候也当个年轻的专家。”我故意逗他。

没想到他大言不惭：“难道你没发现我已经是专家了吗？而且是比爱迪生还年轻的专家呀！在导游行业里有谁不知道我大名鼎鼎的小胡子，这科技城里上上下下、左左右右哪有我不知道的事情。”

我对他的牛皮已经失去兴趣，倒是对这几堵墙非常有兴趣。我这儿摸一下，那儿摸一下，

当我的手碰到墙面上一个略微凸起的部位时，我感觉有一股强大的吸力把我往里拽，我大喊：“小胡子叔叔，这是怎么回事儿，好像有人在拉

我。”可是已经晚了，我的眼前一片漆黑，只感觉耳边有嗖嗖的凉风掠过。

穿越时空隧道

当我的眼前又恢复光明的时候，我仔细查看四周。天哪！我这是到了哪里呀？我本来想大声地呼喊，可是这里异常安静，让我更加心惊胆战了。这里是一个充满复古色彩的大房间，有许多的玻璃门把它分割成不同的小房间。我的目光到处搜索，希望能找到个人问问我到底在哪里。

突然我看到一个人趴在桌子上正在酣然大睡，他的周围堆满了各式各样的东西和厚厚的书籍资料。我轻轻地走到他的身边，想看个究竟。他身边一个长长的类似白炽灯的东西吸引了我，于是我拿起来想仔细观看一下，可是不小心把一个笔记本碰到了地上。

“是谁?”趴在桌子上睡觉的人突然被惊醒。我也被吓了一跳，连忙解释说：“先生您好，我

不是故意打扰您的，我也不知道怎么就来到了您这里。”

“你是中国人吗?”他问道。

“您是怎么知道的?”我奇怪地问。

“当然是通过你的外貌了，我曾经派我的助手到中国寻找过灯丝的材料。”

“寻找灯丝的材料?难道您就是电灯的发明者爱迪生?”我简直不敢相信自己的推测。

“没错，我就是爱迪生。你要注意别把拿在手里的电灯掉到地上，我马上就要成功了，你可别让我的努力毁于一旦。”他的回答更是令我不敢相信。

“哦！苍天呀！大地呀！是谁帮了我这个忙，让我回到了19世纪70年代，而且还跑到爱迪生的实验室里来了，这简直太不可思议了。”我脑子里胡思乱想着。

“小朋友，关于你的事情我现在不感兴趣。刚才我实在是太困了，就趴在桌子上睡着了，现在我要继续做实验了。”说着他接过我手里的半成品，把一个细长的丝状物体放了进去，然后用一个机器把它抽成真空密封好。

“这个就是你要试验的电灯吗？那个灯丝怎么这么特别，和我们那儿用的怎么一点也不一样？”我奇怪地问。

“好了，小朋友，安静下来。你的问题我一会儿再回答。下面你来跟我一起鉴证我的研究成果吧。”说着他把这盏电灯通上了电源。电灯骤然亮了起来，他坐在电灯旁边仔细地凝视着它，一动不动，我被这种气氛感染了。时间一分一秒

地过去了，1 小时，2 小时……

“啊，我成功了！”他突然跃起，大声地尖叫，我也像是受了刺激似地大声喊着：“成功了！成功了！”

“祝贺您，爱迪生先生。您真是太厉害了，您是用什么物质做的灯丝呀？我怎么没见过呀？现在您可以回答我了吧。”

“小朋友，我一点也不厉害。我实验了无数次，才有今天的成功，这个灯丝是碳丝。你没有想到吧？”

“碳丝？太不可思议了，您是怎么想到这个东西的？”我简直不敢相信。

“我自己也没想到，最初我以为铂最适合做灯丝，因为铂是难熔化的金属。但是铂的采掘量很小，铂丝的温度也太高，很快就容易软化或熔化了。后来我就发现碳丝很实用，开始我把纸条烧成炭来做灯丝。当把电源接上时，灯丝亮了一下就断了。”爱迪生说。

“刚才您不就是用的碳丝吗？怎么没有断呢？”我不解地问。

“小朋友，你问得很好。刚才用的碳丝可不是一般材料制作的碳丝，为了寻找制作它的材料，我的助手可是跑遍了全世界呀！我不是说过还到过中国吗？”

“到中国来寻找制作碳丝的材料，可真够远的。”

“没办法，寻找好的材料就像大海捞针。我的助手跑遍了美国，而后又跑遍古巴来寻找和挑选各种纤维，还到达了中国和日本，还有一个助

手到了巴西。他们收集了大量纤维植物的样品，结果发现只有 3 种植物最合适，其中最佳的是竹子。”

“竹子？真想不到竹子竟然是制作灯丝的最佳原料。”我感觉太不可思议了。

“没错，就是竹子。我派助手穆尔到中国的一些竹子种植场和竹子加工场，甚至试验了保存数百年的建筑物上的旧竹子。经过试验，决定用一种最常见的日本竹，因为这种竹子可以制成粗细均匀、笔直和容易分劈的纤维。”爱迪生的表情略带微笑。

“找到了合适的竹子，灯丝的问题就解决了，白炽灯就要成功了吧？”我急切地问。

“我也是这样想的，不过结果没有我想象得那样顺利，当我把新的灯丝放上去以后，电灯在亮了一段时间以后就断掉了。看来在某个环节还存在问题。”爱迪生的表情略显凝重了。

“这是为什么呢？不是找到合适的材料了吗？”我不解地问。

“问题不是出在灯丝上，我经过反复地试验发现，原来是空气中的氧气在作怪。”

“什么？是氧气在搞鬼？”我迷惑不解。

“没错，就是氧气！因为灯丝在通电发亮以后，温度会迅速升高，空气中存在着大量的氧气，这样灯丝的氧化就加快了。所以氧气是白炽灯的大敌，要使灯丝的使用寿命延长就必须避免氧化，所以我把灯泡抽成了真空，这个问题就解决了。”爱迪生说到这里表情十分喜悦。

“就是刚才我看您做的那个实验吗？我太幸运了，竟然有机会亲眼见证了您伟大的发明。”我也显得很兴奋，就像是自己发明的一样。

“也许是你的到来给我带来了好运，我要谢谢你，中国的小朋友。”爱迪生亲切地说。

“那您赶快把这个好消息告诉大家吧，我想很快大家就能用上您发明的碳丝白炽灯了。”

“别着急，小朋友。我首先要申请真空碳丝白炽灯的专利，然后还要研制一些相关的配套设备，这样人们才能真正地用上电灯，我想用不了多久我们就能让晚上和白天一样明亮了，哈哈……”爱迪生高兴地大笑起来。

时运不佳的采矿技术

这时候，一个人匆匆忙忙地跑进来，手里还拿着一张报纸，他说："爱迪生先生，您看过最近的报纸了吗？"

"这些天我一直在实验室，哪有什么闲工夫看报纸呀！"爱迪生回答。

"那您一定还不知道我们国家已经陷入了铁

矿危机这个重大的消息吧!”那个人一边说，一边把手里的报纸递给了爱迪生。

爱迪生接过报纸，他读道：“我国东部的铁矿大部分已经采空，我国已经陷入了严重的铁矿石危机。钢铁市场供不应求，价格飞涨，急需发现新的铁矿石来源……”

爱迪生看完报纸说：“是个大新闻，可是这个好像跟我没什么大关系，我现在最关心的是把我的电灯推广给世界。”

“谁说和您没关系，您忘了以前您去长岛海岸旅行回来后，跟我说您在那边沿岸的白沙土中发现了很多铁矿。”助手提醒说。

爱迪生拍拍脑门说：“幸亏你提醒了我，我都给忘记了。”

这时我憋不住了，好奇地问：“爱迪生先生，沙土里怎么会有铁矿?”

爱迪生说：“这个嘛，也是我偶然发现的，有一年我去长岛海岸旅行，我发现在海岸的一些地方远远地看去黑乎乎的，走近仔细一看原来在

白沙土中有许多黑色的颗粒，这种黑黝黝的沙子沿着海岸随处可见。我就用小磁铁去试探，看看这些黑色的颗粒到底是不是铁矿，结果这些小颗粒果然被吸附到了磁铁上，原来这些黑色的颗粒是磁铁矿晶粒，也就是最常见的铁矿晶粒。我又进一步对黑沙标本进行研究，结果表明黑沙中有将近20%的金属。”

“是呀！爱迪生先生，现在我们国家正好缺乏铁矿，钢材供应短缺，我们不如研究一种在磁铁矿中提炼铁的方法，这应该是一项很有前景的研究。”助手兴奋地说。

“他说得很对，这一定会是个重大的发现，您一定能研制出性能优异的采矿机器。”我也跟着说。

爱迪生沉思了片刻，说：“其实我也早有这样的想法，不过这项技术有一定的风险。不过既然大家都这么有信心，那我们说做就做。”

“说干就干，您可真是有魄力！”我不禁赞叹道。

“那当然，爱迪生先生一向是无所畏惧的，我们都佩服得很呢！”助手应和道。

“你先去打听一下，看哪里有比较廉价的铁矿场，我们需要一个实验的基地。”他对助手说。

“我早就打听好了，先生，在新泽西州的奥格登斯堡村，深山老林中间有一个许多年以前被废弃的铁矿场。据我了解那里的贫矿储藏量是很大的，最保守的计算，也够美国用70年。您看这个地方怎么样？”助手早有准备地说。

“看来你早就在进行这个计划了，我一直被你蒙在鼓里。好吧，就把这个地方买下来，我建一个矿山工人新村，再购置一些机械设备。对了，我们还要制造一些特制的大功率机器，把芝加哥的那台最大的蒸汽挖土机也调来。走，我们现在就出发到那个矿去。”爱迪生真是个急性子。

“我能不能跟您去，爱迪生先生。”我急切地问。

“如果你愿意的话，当然可以，不过可不要到处乱跑，否则丢了，我们可找不到你。”爱迪生答应了我的请求。

我们马上出发，爱迪生先生一到矿场就立刻到处考察起来，整整一天他也没有休息。我坐在大树下边乘凉边等爱迪生。

他终于朝我这边走过来了，坐在了我的旁边。

我问：“您想出怎样来开采这些矿石了吗?”

“当然，要不我怎么会坐到你的旁边呢?”他高兴地说。

“那快说说看，到底是怎样开采?”我迫不及

待地问。

爱迪生说："这个过程不算复杂，首先我们用炸药爆破岩石，或者直接就用挖土机挖掘；然后把大块的岩石挖出并运去粉碎，粉碎分3次进行，把细沙状的岩石运去烘干；最后再运到磁分离器内，这样就把铁矿石与岩石分开了。"

"道理倒是不复杂，可是这需要很多的大型机器，您都有吗？"我问。

"没有，不过我们可以自己设计，然后找厂

家按照图纸生产。”他自信地说。

“你说得太简单了，简直不可思议。”我对他的话表示怀疑。

“本来这就没有什么复杂的，你等我的好消息吧。你最近就住在矿区，有消息我通知你。”爱迪生说。

“好吧，我等你成功的好消息。这个地方风景还不错，我正好欣赏一下。”于是我就在矿区住了下来。

时间一天天地过去了，我始终没有听到什么好消息。如果还没有好消息我就回家了，小胡子

一定在担心我呢。突然一阵汽车的轰鸣声从远处传来，声音越来越近。

我跑出来一看，原来是好几辆拉着大型机械的汽车开过来了。“这些拉的都是什么呀？”我跑过去问爱迪生的助手。

“这些都是爱迪生先生设计的粉碎机、磁分离机、压块机和焙烧炉。我们的铁矿场有了这些家伙，马上就可以开工了。”爱迪生的助手兴奋地说。

这些机械马上就派上了用场，大量的铁矿石被开采提炼出来。爱迪生与最大的工业公司“伯利恒钢铁公司”签订了供应精矿的合同，每吨为6.5美元左右售价。

看着爱迪生先生的矿场每天开采出的大量矿石和提炼出的精矿，真是让人喜出望外。可是一个坏消息却突然传来了。

我正和爱迪生先生在矿区聊天，那个助手急匆匆地跑了过来，手里还拿着一份报纸，说：“先生，您看今天的报纸了吗？”

“你说我有时间吗？有什么消息快说。”爱迪生反问道。

“这可是不太好的消息。在明尼苏达州的地质勘探队发现了巨大的富铁矿。”助手说。

爱迪生说：“这的确是个坏消息。”

我问：“怎么了，爱迪生先生。这和我们有什么关系？”

“当然有关系，富铁矿的提炼成本要比我们的贫铁矿低得多，矿石价格要比我们的工厂生产的精矿低一半。这意味着我们将要倒闭了。”

“有这么严重呀！那我们投入这么多钱，岂不是……这下可惨了！”我嘀咕道。

爱迪生却并没有那么沮丧，他说："没关系，我研究出来贫铁矿的开采技术，这就是一个最大的贡献。这至少能证明，我们国家永远都不会缺铁，因为富铁矿开采完了，还有贫铁矿可以继续开采。特别是我们研制的磁分离机，可以在各种铁矿中使用，效率比一般的机器要高很多，这不也是收获吗？"

浇注式房屋的先驱者

“先生您说得对，我们可以把采矿的设备应用到其他方面。您看这张报纸上说现在建筑业的原料已从使用石头和砖转到大量地使用混凝土和钢筋混凝土方面来了，水泥的需求量肯定会猛烈增长，我们把采矿的机械用到水泥生产上肯定可以。”爱迪生的助手说。

“你说得有道理，我也研究过现在水泥的生产技术，发现目前的工艺无法保障大量生产水泥，因为用以焙烧的水泥窑容量比较小，而装窑和出窑的过程，会缩短窑的使用寿

命。如果我们研制出一种新的生产工艺一定会使水泥的产量增加，成本降低。”爱迪生同意助手的看法。

“你们的想法太好了，我怎么就没想到呢？真是有差距呀！”我简直太佩服他们了。

爱迪生突然间又有了新的想法，他说：“我有一个‘浇注式房屋’的想法，也就是用专门机器把水泥浆浇注到模具里而制成框架式的房屋。如果用这种方法盖房子，既结实又经济，一座有6个房间的水泥房子，我们可以只花300美元就建立起来了。”

“我知道您说的框架式房屋，我们现在的房子都是这种结构的，因为听说框架式的房子是整体结构，可以防地震，而且造价便宜，工程进度快。”我急忙说。

“没想到你这么小的年纪还懂这个。”爱迪生的助手惊讶地看着我。

“这不算什么，因为在我们那里人人都知道这些，这项技术已经很成熟了，不过你们这里还没有人想到用这种方法盖房子。爱迪生可以说是浇注式房屋的先驱者了。”我说道。

“那你知道这项技术具体是怎样操作的吗？你说说，我们也学习一下。”爱迪生的助手问我。

“这个我不太清楚，我只知其一，不知其二。”我不好意思地说。

爱迪生这时说话了：“我想应该是这样的，首先我们应当详细研制出各种构件，用这些构件，在几小时内就能在建筑工地把模具安装好。模具的结构和材料应能多次使用，容易拆装。浇

注的水泥应当具有较高的流动性，固着力强，凝固得快。”

“您的大脑是电脑吗？怎么想问题这么快，不如我留下当您的助手吧，肯定比在学校学得多。”我用佩服的目光看着爱迪生。

我正要继续和爱迪生交谈，突然耳边响起了震耳欲聋的喊声：“思友，思友，你清醒一下，别在那儿自言自语了！”

我缓缓地睁开眼睛，原来是小胡子在我的耳边大喊大叫：“你要干什么呀？小胡子叔叔，难道想把我的耳朵震聋吗?”

“我喊了你半天了，你都没有任何反应，还在那里自言自语，好像中了魔一样。你要是再不清醒过来，我就要打110了。”

“110？我又没犯法，打110干吗?”

“你都把我给急得说胡话了，是120!”小胡子情绪激动地说。

“刚才我还在和爱迪生说话，怎么现在又跑回这个死胡同了?”我一头雾水地说。

“思友，你也没问我就在这里乱摸。刚才你

碰到的那个凸起的地方是个开关，它连接的是一个人机交互的超级计算机，刚才你的神经系统和计算机连接到了一起，你进入了被催眠的状态，在潜意识里和计算机进行了对话。”小胡子解释说。

“什么，我难道被催眠了？早就听说过人机交互，也听说过催眠术，没想到今天不知不觉地就感受了一回。”我一时回不过神来。

“你感觉倒不错，可把我吓坏了，我还以为你发神经了呢。你要是变成植物人，我可没法和你的父母交代啊！”小胡子一本正经地说。

“哪有那么容易变成植物人，我还没和爱迪生聊够呢，谁让你这么快就把我叫醒了，快帮我再催眠一回，我要聊个痛快。”我拽着小胡子的胳膊，让他把我送回到催眠状态。

“滴滴……”胡同南边的路上有一辆游览车开了过来，司机正在招揽游客，“有坐电车的吗？5 元钱就可以在公园里转个遍。”

小胡子看见游览车高兴得不得了：“思友，要想催眠，你自己慢慢感受吧。我可要坐游览车去了，

有的人真是命苦呀，有福不会享，非要搞什么催眠。”说着他晃晃悠悠地向游览车的方向走去。

“哎，小胡子叔叔，你怎么能丢下你的游客自己走呢？这可不是合格的导游！哎呀，别走，等等我！”

小胡子突然加快速度，故意逗我。我紧赶几步，追了上去，一把抓住小胡子的手说：“哪里跑，如来佛祖的大手来了！”

不简单的游览车司机

到了游览车旁，小胡子“嗖”的一下就窜了上去，还真有点儿“燕子李三”的轻功架势，我随后也登上了游览车。

游览车开动了，坐在车上逛公园的确舒服多了。公园的景色可真美呀！“小胡子叔叔，咱们下一步准备到哪儿去呀?”

“让我想一想，这公园里还有什么好玩的地方呢？对了，咱们先坐游览车转一转，最后在水幕电影广场下车，那里可是公园最热闹的地方。”小胡子兴致勃勃地说。

“水幕电影？的确很不错，我以前听说过，还没看过呢。行，咱们就去那儿。”我也显得很兴奋。

“小朋友，第一次来爱迪生公园吧。我们这

里好玩的地方多着呢，而且几乎每个景点都和爱迪生有关，玩的同时就能增长知识。”游览车司机搭讪说。

“什么？每样东西都和爱迪生有关？我当了这么长时间的导游都不敢这么说，你不是吹牛吧。”小胡子有些不服，心想这个司机敢在关公面前耍大刀。

“我可没吹牛，不信你随便问几个问题，看我是不是吹的。”司机也毫不示弱。

“那好吧，就考你一个简单的。你不是游览车司机吗，那你说说这游览车和爱迪生有什么关系。”

“哈哈……你真是问到点上了，我开了这么多年的游览车能不知道吗？”这个问题正中司机的下怀。

“什么？难道游览车真的和爱迪生有关系？”小胡子难以置信。

“请问二位，游览车是以什么动力驱动的，你们知道吗？”

“是蓄电池驱动的，公园的游览车一般都是电车。”我抢先回答。

“对，游览车一般都是电动车，这就和爱迪生产生关系了。”司机得意地说。

“电车是爱迪生发明的吗？”

“没错！小朋友，你比那位大朋友聪明多了。”司机借机刺激了一下小胡子。

小胡子果然受了刺激，气愤地说：“据我观察，电动车也就近几年才在大街上跑起来的，到目前为止电动汽车还没有进入实用阶段，你怎么能说电车是爱迪生在那么久远的时代发明的呢？有何证据？”

司机不慌不忙地说：“当然有证据了，我从头到尾地告诉你。一次，爱迪生看到庄稼人用马车从很远的地方把粮食运到铁路边，这样不仅运费高，而且劳动也很复杂，需要不断地更换马匹。于是爱迪生就产生了修建一条通到铁路干线的电气化货运电车道，用电车送货的想法。”

“用电车送货？这可不是一个小工程，在当时应该很复杂吧？”我问司机伯伯。

“对，的确不是一件简单的事情，要经过复杂的实验才行。爱迪生在门罗园修建了一条长达0.35英里的电气化线路实验地段，由安装在工厂里的爱迪生Z型电机负责供电，发电机的两极通过地下绝缘导线与两条钢轨连在一起。一条钢轨用做直通机车头的直输线，另一条钢轨就是回线。”司机伯伯讲得很专业，比糊涂导游小胡子强多了。

“爱迪生发明的电车是什么样的呢？和今天的电车一样吗？”我迫不及待地问。

“当时的机车是一个四轮车，车上面也安装电机作为发动机。电枢轴上装有一个摩擦传动轮，而该摩擦传动轮的旋转，就把力传给了另一个传动轮，而这个轮的旋转，就带动了车子的轮轴。此外，还装有第三个轮，这个轮通过杠杆与第一个传动轮或第二个传动轮发生摩擦接触。电流从带有正电的钢轨进入车轮，经过电刷再传给电动机，而从电动机那里经过其他两个馈电刷和车轮再传往另一条作为电流回线的钢轨，就这样电车被驱动了。”

“太神奇了，爱迪生真是个天才！”我被爱迪生的才能再次感动。

“思友，你别高兴得太早了，据我所知当时的电车和现在咱们坐的电车是两码事儿。当时的电车是靠发动机产生的动力驱动的，咱们现在坐的是蓄电池驱动的。能一样吗？根本联系不上，不能算！”

“谁说没有关系，你不是说现在咱们坐的电车是蓄电池驱动的吗？真正实用的蓄电池就是他发明的。”司机伯伯回答说。

“啊，什么？又跟爱迪生有关系。我怎么这么倒霉，碰到了一位这么不简单的司机，你简直就是专家，开电车真是屈才了。”小胡子又受刺激了。

“司机伯伯你懂得可真多！爱迪生怎么会发

明蓄电池呢?”

“这和当时的社会需求有很大关系。随着当时科学技术的进步,活动电源的需求量越来越大。当时广泛使用的是铅硫酸电池,这种电池使用寿命短,适应不了新的需要。所以,爱迪生决心研制一种新蓄电池,就是这个决定让爱迪生遭受了无数次失败,他的助手几乎神经崩溃了。”

“有这么严重呀!到底是怎么回事?”我更加充满了好奇。

“爱迪生研究新型蓄电池的时候,有一天一个朋友去找他,当时他已经失败了 9000 多次,在他的实验室里堆满了试验用的电池。朋友为他

惋惜，可他却乐观地对朋友说，他现在已经知道有几千样东西是不能用的，这就是他的收获。”

“爱迪生真是乐观，真有毅力呀！”我对爱迪生更加佩服了。

“爱迪生不仅乐观，还很幽默呢。在实验的时候需要玻璃杯，有时一次就要用几百只。在一次试验失败后，一个助手看着一大堆打破的玻璃杯问爱迪生还能做什么。爱迪生风趣地说，能做的事情就是再买几百只玻璃杯，继续干下去。助手被爱迪生的幽默所感染了，信心又增加了很多。”

“哈哈……爱迪生还是个黑色幽默的高手呀！我还以为像他这种人不会开玩笑呢。”我领会到了科学家的另一面。

“那爱迪生的实验成功了吗？”

“当然成功了，爱迪生就这样一天接一天、一年又一年地不停试验，终于找到了用氢氧化钾水替代硫酸溶液，用镍和铁代替铅的好办法，制造了新的蓄电池。又经过 5 年的努力，比较理想

的蓄电池才问世。这前前后后共经过 5 万次试验，用了 10 年的时间。”司机伯伯回答。

“用 10 年时间，做了 5 万次试验。天哪，简直不敢想象，看来当发明家不是常人能够承受的。”我感叹道。

“当然了，天才都是介于常人和疯子之间的。”小胡子突然来了精神。

“小胡子叔叔，你别瞎说了，天才怎么和疯子扯到一块去了。”

“我才没瞎说，即使不能说是疯子，也是超级的疯狂，要不然做不出伟大的成果来。你看贝多芬、达·芬奇等人不都是这样吗？”小胡子对自己的说法坚信不疑。

“不跟你瞎扯了，你老是跑题。司机伯伯，爱迪生发明的蓄电池后来被广泛应用了吗？”

“当然，他发明的蓄电池很受欢迎，但是也出现了许多问题，曾让爱迪生一度陷入困境。”

“都遇到什么问题了？怎么老这么不顺呀！”

“蓄电池被卖出去不久就有许多用户找上门

来，要求退换。”

“是不是有人故意来捣乱的，一定是竞争对手想来拆台。”还没等司机伯伯说完，我就插话了。

“不是，没有人故意捣乱，蓄电池本身的确存在很多问题。首先，蓄电池容器易漏，性能不是那么稳定；其次，蓄电池的正（镍）极的接触点不牢固。因此，爱迪生必须重新研究改进蓄电池。”

“那爱迪生的损失岂不是很大，那么多人要求退货，不会赔本吧。”

“爱迪生是一个守信的人，他决定暂时停止生产蓄电池，绝不能把蓄电池再投放市场，他甚至按售价收回卖出的有毛病的蓄电池。爱迪生继续改进整个蓄电池的结构，使蓄电池制造过程的某些阶段机械化，改变了电解成分，往氢氧化钾里添加少量氢氧化锂。他在1910年建立了一座大工厂，这座大工厂第一年就卖出了100万美元的产品。”

“爱迪生发财了，他还挺有经营头脑的。”一听到钱，小胡子倍加兴奋。

“你这个钱串子，刚才一言不发，一听到钱就像打了兴奋剂似的。”

“可是事情并没有想象的那么顺利，蓄电池仍然存在问题。一到冬天碱性蓄电池工作就比较糟糕了，因为电解物质变得非常稠，但碱性蓄电池非常适用于电站、列车的信号装置和照明等方面。爱迪生在 1911 年制造了经过 3 次更改的新型碱性蓄电池，并展示了他制造的蓄电池公共汽车。在第一次世界大战期间，碱性蓄电池在各国被用于无线电装置、小型船舶和潜艇中的动力装备中。”

“看来蓄电池是以后的一个发展方向，现在的能源多紧张呀，石油早晚会用完的，到时候电

动汽车一定会满大街地跑。”

“还用你说，现在的摩托车都基本被电动自行车取代了。再过几年燃油汽车恐怕也要下岗了，太污染环境了。”

“对，现在的城市环境被大量的汽车尾气给污染了，真留恋以前蓝蓝的天空、白白的云呀！现在抬头一看就是灰蒙蒙的天，张嘴一呼吸就是呛人的污浊空气。”司机伯伯很感慨。

“唉，我才是最倒霉的呢！你们好赖还见过以前的蓝天白云，自从我出生那天起看到的天就是灰蒙蒙的，呼吸的空气就是污浊的，我还以为世界本来就是这个样儿的呢！”我愤愤不平地说。

“是呀！你们这一代既是幸运的又是不幸的，幸运的是不会再像我们以前一样饿肚子了，现在都是衣来伸手，饭来张口，个个都是小皇帝；不幸的是现在的自然环境被破坏了，很难像我们以前那样感受美丽的自然了。”司机伯伯真是个有学问的人，他的话让我更钦佩他了。

“停车！停车！我们就从这儿下车！”小胡子

大喊着。

“怎么啦，小胡子叔叔，到水幕电影广场了？”

“叫你下车，你就下车，问那么多干吗？”小胡子拽着我跳下了游览车。

“伯伯再见！”我急匆匆地跟司机伯伯告别。

“哎，小胡子叔叔，你这么着急下车干吗？不是还没到地方吗？”我疑惑地问。

“我实在忍受不了了，这个司机高谈阔论的，还以为自己是大学教授呢。”小胡子没好气地说。

“哦，原来你是嫉妒人家比你这个导游懂得多呀！小气鬼！”我笑嘻嘻地说。

“我才不是嫉妒他呢！我宰相肚里能撑船，怎么会跟他一般见识。马上就要到水幕电影广场了，咱们下车走一段路，活动一下不是很好吗？生命在于运动，难道你没听说吗？”小胡子自我狡辩。

“好吧，那我就跟你一起运动，看谁老喊累死了。”

神奇的水幕电影

走着，走着，眼前的人开始越来越多，小胡子说：“水幕电影广场就快到了，你看这么多人都在往那里走呢！”

“看来那里一定很好玩，要不怎么这么多人

去呢？”

“当然了，这个景点别说在科技城，就是在我们市里都是独一无二的，还有很多的外地游客特意来这里看水幕电影呢。”小胡子骄傲地说。

人越来越多，最后聚集在一个广场上，三个一群，五个一伙，都在等待着水幕电影的开演。

我突然想起了一个问题：“小胡子叔叔，水幕电影为什么要建在爱迪生公园呀？我们市区里有一个很大的休闲广场，如果建在那里让市民观看不是更方便吗？”

“这个问题很简单，因为把水幕电影建在这里是有纪念意义的。”

“有什么纪念意义？难道是爱迪生发明了水幕电影不成？”

小胡子说：“水幕电影不是爱迪生发明的，可是让电影走出实验室的人却是爱迪生，没有他，今天我们就没有办法欣赏精彩的电影了。”

“果然被我猜中了，这个爱迪生简直就是个发明机器，只要他想发明什么，就一定能够实现。”我对爱迪生佩服得五体投地。

喧闹的人群突然安静了许多，我和小胡子抬头一看，“哇！太漂亮了！”我不禁大喊。

美丽的喷泉随着音乐的节奏喷射到高空，并不断地改变着姿态。这是水幕电影放映的前奏，说明工作人员已经开始进行准备了。果然，喷泉的形状开始发生改变，由高高的水柱变成一条宽大的水墙，更准确地说是水幕。

一条长长的光柱投影过来，打到了水幕上，

电影开始了。在水幕上映出3个大字：投名状。

我兴奋地说：“小胡子叔叔，今天要演的是《投名状》。这可是今年的贺岁电影，是我的偶像李连杰主演的，太棒了！”

“是不错！我一直想看这个电影呢，可是电影院的票太贵了，没舍得买，今天算是走运了。”小胡子显得比我还兴奋。

正在我和小胡子兴奋不已的时候，电影画面突然发生了变化，好像是在影片正要播放之前加播了一段科教宣传片。

“哎呀，又是老一套，我都看了100多遍了，快直接放《投名状》吧。”小胡子抱怨说。

“这是要加播什么宣传片呀?”我也有些扫兴。

“你说还能放什么？就是爱迪生发明电影的宣传片。每次我带游客来这里看电影都要放一次，我都能倒背如流了。今天放这么好看的电影，他们竟然还加播，我真是忍无可忍了。”小胡子异常地气愤。

“小胡子叔叔，你看100多遍了，可是游客们还1次都没看过呢。我看放这个宣传片挺有意义的。你不是倒背如流吗，一会儿我有问题，还要请教你呢。”

“好吧，只有这样了，天底下没有免费的午餐，我只能忍！忍！忍！”小胡子也无可奈何。

宣传片开始播放了，水幕上出现了爱迪生的身影，并开始了解说：“爱迪生就是电影摇篮的主人，他制造电影机的想法是受戈尔诺尔发明的活动画片玩具的启发。”

画面显示了一个古老的玩具。“活动画片玩

具，由一个圆筒组成，圆筒壁上刻有许多条与轴相平行的缝隙。圆筒内缝隙的下面有一条纸带，纸带上绘有某一动作的连续图像。如果使圆筒往一个方向转动，从缝隙里看对面绘有图像的纸带，看到的就像是运动的图像。”

小胡子突然想起了什么，说：“这个东西，在咱们中国叫‘拉洋片’，我听我妈妈说过，她们小时候还看过这东西呢。不过它是怎么让静止的东西动起来的，我一直搞不明白。”

“小胡子叔叔，这回你彻底地糊涂了吧，都怪你上学的时候不好好学习。它的原理是根据人眼睛的视觉惯性对运动所造成的错觉。我们同学经常把一些有趣的图片画在书角上，然后快速地翻动书，书角的图画就像动起来一样，利用的就是这个原理。”我胸有成竹地说。

“你小子，对这个倒是挺有研究的嘛，你的课本是不是都用来画这个东西了?”小胡子故意逗我。

“好了，快看电影的介绍吧！都错过去好多了，我可一遍都没看过呢。”我对小胡子说。

电影正在介绍爱迪生早期的电影雏形——激动景物机。“爱迪生委托他的助手迪克逊设计出一架拍摄活动目标的照相机。迪克逊用快速拍照法来进行连续拍摄，这样就可以获得大量连续的图像照片。经过几个月的研究之后，爱迪生申请了活动电影放映机的专利。”

“这个简单的东西就能放电影?”

“你别着急，爱迪生还要继续改进呢。往后看你就知道了。”小胡子对我说。

电影画面显示着那台简陋的放映机，并继续解说着。“爱迪生把有连续性的一系列图像，快速拍摄到位于圆筒或扁平盘上的呈连续不断的螺线状带上，这一过程与他所发明的用留声机进行录音的方法相似。圆筒每转到某一角度，都要停一次，当圆筒不动时便进行拍摄。圆筒的转动和停止都与照相机快门的启闭同步，而且是自动的。”

“发明也没那么复杂嘛，我看只要想到了，就等于成功了一半。”我从影片中受到了这样的启发。

“你想得太简单了，我早就想到制造到银河系以外的太空飞船了，那我怎么还没成功一半呢？”

“我说，小胡子叔叔，你是不是存心和我过不去呀？这不是成心跟我抬杠吗？”

“我哪里和你抬杠了，我说的是事实嘛，不信你看爱迪生是不是又遇到麻烦了，哪有想象的

那么简单。”小胡子争辩说。

果然，电影在介绍爱迪生遇到的困难。爱迪生遇到的一个最大的困难就是当时还没有胶片，所以只能用玻璃底版拍摄照片，因此爱迪生开始寻找新的照相材料。1869 年海耶特兄弟在美国发明了靠硝化纤维和樟脑相互作用提炼出来的赛璐珞，由于用蓖麻油来代替部分樟脑，赛璐珞就变得柔韧多了。1889 年爱迪生试验了涂有照相乳胶的赛璐珞片，获得了成功。1889 年末，他就转而采用适用于活动电影放映机的赛璐珞胶片，于是胶片就开始在电影中使用了。

“这不，爱迪生想到了胶片，结果胶片很快就发明出来了。我没说错吧，只要想到了，就成功了一半。”我继续和小胡子争辩。

“行，算你说得对，可以了吧！现在的小孩子，干什么事情都要顺着他，真是的。”

“小胡子叔叔，你这是什么意思，我可不是要你让着我。我说的就是有道理！”

“好了，咱俩别争了，爱迪生的宣传片就要放

完了。我爱看的《投名状》就要开始了，哈哈……”小胡子一提到《投名状》就显得很兴奋。

我抬头一看宣传片果然接近尾声了，电影的画面上出现了水泄不通的人群，好像都在拥挤着往哪里去，听到解说我才明白过来。“1893年爱迪生建造了黑马利亚电影制片厂，该电影制片厂从1893年到1894年，曾把女舞蹈家、技巧运动家、杂技演员和驯化动物等拍制成影片。1894年夏季，黑马利亚电影制片厂拍摄了拳术家利奥纳尔德和库申格的比赛，使用了350多米胶片。前

来观看的人们把百老汇大街的活动电影放映机馆门口堵得水泄不通，最后只好请警察来维持秩序。”

宣传片结束了，画面又转回了电影《投名状》的片头。我的偶像终于出现在水幕的画面上，小胡子和我都看得入了神。我们还没有尽兴，电影很快就结束了。我真不想走，可是要想看只能等明天这个时间了。

爱迪生的贡献

“这个电影可真好看啊！哎呀，要是明天有时间还要来看看！”小胡子意犹未尽地说。

“喂，臭小子，和你说话呢，你听到没有啊，发什么呆啊？”见我没有回应，他又来了一句。

“我在想，你可真是个俗人啊，简直是俗不可耐！”

“说什么呢，看了场电影出来，我怎么就成了俗人啦？说明白了，要不，我可不饶你啊！”

“为了证明我刚才没有冤枉你，也证明你不是一个俗人，请你给我说说爱迪生都有什么贡献吧。”

“臭小子，有问题就直接问，拐弯抹角的不实在，做人要厚道，不就是爱迪生的贡献嘛，听好了。”只见小胡子深情地望着一块大而且方平

的石头说道，“爱迪生是一位闻名世界的伟大发明家。他一生的发明在世界上是无与伦比的。爱迪生的主要贡献有……”说到这儿，还回头望了我一眼，看我还傻站着听着，他好像很开心。

他转过头继续说：“首先，爱迪生在科学技术中最重大的贡献是发明了留声机和白炽电灯。今天，我们很难想象生活中没有电——无法开亮一盏灯，听唱片，去电影院，或给某人打个电话。然而，所有这些我们认为理所当然的事情，全都是一个人发明创造的结果——他就是托马斯·爱迪生。

“其次，在爱迪生之前，马路上，居室里，工厂里，都只能使用靠手工点燃的昏昏蒙蒙的煤气灯。夜幕一降，工厂纷纷关门。电或者电话并不是爱迪生发明的。但是他那种实用性的发明和改进把电和电话的用途推向了每一个角落。爱迪生也许是有史以来最伟大的发明家，他开了现代世界技术革新之先河。这位不知疲倦的发明家把我们从蒸汽时代带入了20世纪。

“再有，爱迪生还在电影、有轨电车、矿业、建筑以及兵器等方面有许多著名的发明创造。爱迪生还在一个真空灯泡里观察到热电子发射现象，后人把它称作‘爱迪生效应’，热电子发射的发现，为研制电子管奠定了基础……”

这还是我认识的小胡子吗？怎么一下子变得这么博学了。这家伙总是望着石头，肯定有鬼。我悄悄地站在他的后边，一看，石头上刻满了密密麻麻的字，原来他是照着石头念的。好，叫你照着念，我悄悄地把嘴凑到他的耳朵旁边，突然大声地喊道：“抓贼啊！抓贼啊！”

“贼在哪儿？贼在哪儿？”他被吓得跳起来喊着，头还不时地四处张望。

“我要不这样喊，你能起来吗？总那样撅着，容易得腰肌劳损，我是替你的身体着想。”

“臭小子，吓我还吓出理来了，这要不是在爱迪生的地盘，我非打你个满脸开花，满地找牙，叫你败得心服口服！”

“败也是我所需要的，它和成功对我一样有

价值。只有在我知道一切做不好的方法以后，我才知道做好一件工作的方法是什么。不断地寻找自然的秘密，并利用它来造福人类，且一切都应当朝光明的一面迈进。”我情不自禁地说出了爱迪生的名言。

“臭小子，行啊，还敢说这样的话，挑衅是不是？”

“这不是我说的。”我委屈又无奈地说。

“不是你说的是谁说的，这儿就咱们两个人，难不成是鬼说的。”

“‘上帝’啊，快救救我吧，我实在是受不了了，小胡子叔叔，回见吧！”

我撒腿向科技城的出口跑去，而且从没想到我会跑得这么快，再开运动会我一定要参加，一定能得第一。

后边传来小胡子歇斯底里的喊叫声：“回来，还没说是谁说的呢……”